José Manuel Velázquez

# ANDANZAS NORTEÑAS

la Rueca
editorial

© José Manuel Velázquez - *Andanzas Norteñas*

© Editorial La Rueca

www.editoriallarueca.com

Diseño de portada: José Manuel Velázquez

Primera edición: enero 2026

ISBN: 979-13-87525-67-5

Depósito Legal: M-2964-2026

Impreso en España - UNIÓN EUROPEA

# ÍNDICE

# PRELUDIO

Me hallo en la duda de incluir el presente texto, considerando que causará el efecto contrario a su mensaje. Su valor sería destrozado a base de explicaciones, sin dejar que el lector lo vaya apreciando durante el trascurso, pero a la vez siento que debo comunicarlo. Tras rumiar el dilema, me surge la idea de escribirlo, sabiendo que servirá de aviso, y añadirlo antes de continuar. Hace tiempo, escuché que el mundo va rodeándose de ``parques temáticos´´, extinguiéndose aquello que es auténtico y verdadero. Sin embargo, es como un espíritu en constante flujo, imposible de golpear y destruir, que va apareciendo inevitablemente. Con él, iré por las travesías del norte de España. A pesar de la ``idealización'' y ``el romanticismo'', calificativos que este discurso viene soportando, no los necesito a la hora de encontrar la belleza, incluso fuera de ella. Con tal premisa, caminaremos más allá de la lógica y la razón.

# I

# Caminos Asturianos

Me siento en una terraza de la plaza ``General Porte´´ (municipio asturiano de Grado), rodeado por edificios viejos, con relieves ornamentales y escudos emblemáticos sobre sus fachadas. Aquí y ahora, junto a un zumo de melocotón, aun sin probar, y mordisqueando una manzana, decido empezar a escribir. En los dos días que he pasado caminando, tras partir de Oviedo, mantuve el cuaderno guardado, como si se hallara sumido en un profundo sueño, sin haber considerado el momento oportuno para despertarlo. El ambiente es animado por una orquestilla que versiona canciones famosas. Se compone por tan solo dos hombres, canosos y no precisamente jóvenes, que muestran una actitud jovial y cercana ante el público, poblando las entradas de los demás bares.

Acercándose las 10:00 de la noche, aunque aún no termina de oscurecer, debido a que es verano, me alejo de la plaza y empiezo a callejear, con el bolígrafo disponible. Llego a una franja de acerado, tocada por grandes macetones en los que crecen arbustos y flores de diversos colores. Casi en el centro, se halla algo que parece un extraño y abstracto monumento. Son cuatro postes de madera añeja, con grietas marcadas y un color ceniciento. Han sido colocados juntos y en vertical, formando un cuadrado si fuesen vistos desde una perspectiva cenital. Entre ellos se encaja una especie de urna atornillada. Al acercarme, veo que contiene un puñado de libros e introduzco mis manos, olisqueando por sus páginas. No son nuevos, pero se encuentran en buen estado, salvo uno que carece de pastas. En medio del rebujo, aparece una carta con la siguiente frase de presentación:

## Aviso al lector y comentario dirigido al autor (Miguel Trujillo Benítez, profesor de lengua y literatura).

*Dados los consejos adecuados para realizar un correcto libro de viajes, sin más intención que la mejora, no han sido aceptados por el autor. Ya sea la soberbia de no reconocer su ignorancia, que conlleva a errores, o la pereza de corregir, le ha faltado un hilo que hiciese de guía y crease un orden. El nefasto resultado son unos apuntillos traspapelados en una verbena absurda, sin poderse obtener ninguna conclusión ni reflexión. Supuestamente, han sido escritos durante el camino primitivo de Santiago, pero ausenta la aportación de datos e información, sin dar una señal de por dónde va; ni siquiera el título nos sitúa en su contexto. El preludio incumple su función, no especificando la idea que banalmente transmite. El colmo, son lugares de gran valor y esplendor cultural, dignos de ser exprimidos, que le pasan desapercibidos. No obstante, percibo sensibilidad en las anotaciones, aunque es inútil sin un componente racional.*

*Voy a prolongarme, dirigiéndome a quienes lean estos textos. Conviene avisarles de otros libros* *muy plausibles sobre las vivencias de esta ruta, que poseen organización y mencionan muchos elementos simbólicos, mereciendo ser conocidos. Por ejemplo: ``Historias del Camino´´, realizado por una serie de coautores, que cuentan su personal relato de tan maravillosa experiencia. Sin más, espero que mi crítica sea tomada como aprendizaje.*

Me guardo la carta y continúo el paseo por otra zona, con la noche cada vez más próxima. Tras descender por una rampa, me acerco a unos muros ruinosos de piedra, con los rincones repletos de matorrales. Deambulando por su interior, cual ánima taciturna, aprecio la diferencia cortante con los edificios modernos de su alrededor.

La vida se manifiesta en los alegres sonidos nocturnos, procedentes de unos bares con las ventanas iluminadas, aun sin tener especial En la puerta de una de aquellas tascas, un puñado de concurrentes es observado por una robusta mujer de bronce. Su rigidez se refuerza por la posición de los brazos en jarra, pero su expresión facial muestra una templada sonrisa, acompañada por una mirada pícara, o eso me parece. En una de sus manos, duras y gruesas, sostiene un cesto de contenido indefinido.

Hace rato que ha terminado de anochecer, cuando me voy alejando a la parte más recóndita y silenciosa del pueblo. Solo unos cuantos faros dan algo de luz, pues en general el barrio permanece sombrío. Los balcones de hierro, con series de cenefas florales, son tan lúgubres que a través de ellos parece que fuesen a sonar voces de difuntos. Los que son totalmente cubiertos de madera, a pesar de ser blanca, transmiten la misma sensación.

Sin darme cuenta, mis pasos me conducen a la plazuela de la parroquia local, llamada de San Pedro, donde unas cuantas horas antes hube presenciado una misa. Soy incapaz de definir su estilo arquitectónico, aún menos entre la oscuridad. Tan solo se ven sus arcos y las dos paralelas torres que la flanquean.

\* \* \*

Al día siguiente, bajo la sábana grisácea del cielo, salgo del pueblo y retomo el camino.

El constante canto del agua me va acompañando por un selvático sendero, procedente de un arroyo sinuoso que fluye y se desliza por muros naturales de roca, creando medianas cascadas.

No dejo de mirar hacia un refugio, devorado por la vegetación y semi oculto entre los árboles de la rivera. Por los huecos de su puerta asomo el ojo, antes de abrirla y conocer sus entrañas. Una rueda dentada, oxidada y con su eje encajado en una viga de madera carcomida, dejada en un rincón, me indica que este lugar pudo ser un molino. En la pared se adhiere un pozo, con brocal y tapado por una gran piedra redonda. Al reparar en él, parece coincidir con un caño que vi antes de entrar, el cual pasa bajo el suelo y sale por un arquillo, abierto a los pies de la casucha. Curiosamente, el vacío y la desolación no se privan de su hermosura.

* * *

Una niña va en bicicleta, protegiendo su cabecita con un casco. Sin timidez, se detiene y me pregunta:

—¿Qué haces?

Sus ojillos, que me parecen marrones, son rozados por los mechones lacios y sueltos de su cabello.

Al oírla, le respondo:

—Escribo lo que veo.

En este momento, me encuentro sentado al borde de un rellano, en el cual hay una barca de madera tallada, rota en su extremo trasero, tan negra por debajo que parece haber sido quemada. Al no ser grande, más bien será una canoa. Tiene encima una pieza de mármol, que por su forma debería ser la escultura de un libro abierto. Si acaso es un monumento, me resulta muy extraño, debido a que este pueblo no es costero. Al ver que la niña no muestra reparo en hablarme, le pregunto a ella por esa cosa tan rara.

—¿Qué significa eso?

Encogiéndose un poco de hombros, me responde con simpleza:

—Una barca.

—¿Y tiene algún significado?

Esta vez no sabe. Luego, retoma su paseo sobre ruedas.

Frente a mí, se halla un torreón de cuatro ángulos y con almenas desgastadas, unido a un arco de curvatura tenue, presidido por un escudo coronado. Mientras observo el conjunto, aparece de nuevo la jovencilla, ya sin los atuendos ni tampoco la bicicleta. Es acompañada por un niño grueso, a quién me ha traído y le pide obsequiarme con una explicación respecto a la misteriosa canoa. La desenvoltura de su locución, la correcta pronunciación y sus gafas de pasta, le atribuyen un aire de pequeño intelectual, pero tampoco llega a desvelarme la incógnita. Con tal de dar una interpretación, diríase que representa la idea de que la cultura nos hace viajar. Esos jóvenes desconocidos me acompañan gratamente con su conversación, desde la tarde hasta casi la caída de la noche.

\* \* \*

Junto a una cruz de piedra, con una inscripción en su travesaño, ilegible por el desgaste y el musgo, me detengo a abrir el cuaderno. A sus pies han dejado un conjunto de guijarros y pedazos de azulejo, como rústicas ofrendas, indicando la presencia de un tránsito de personas. Aunque no se su fecha, imagino que a lo largo de las décadas, incluso algunos siglos, mucha gente se ha detenido frente a ella a rezar oraciones y a santiguarse.

A continuación, me encamino hacia una iglesia muy cercana. A diferencia de otras, esta tiene la puerta abierta. Cruzo su interior con cuidado, pues la soledad y el silencio palpan lo sublime, infundiéndome un respeto inquebrantable. Voy en dirección al retablo, desde el cual me reciben unas vírgenes de rostros pálidos y ojos serenos. Luego, un repentino jolgorio rompe superficialmente la sensación sigilosa; es la llegada de mis compañeros peregrinos.

\* \* \*

Una de las tantas veces que la curiosidad me hace desviarme del camino, asciendo por un valle hacia el molino de ``Bedures´´. Voy entre grandes helechos, procurando que la suela de mis zapatos no resbale por el suelo, húmedo y cubierto de hojas caídas que se adhieren, convirtiéndolo en un tobogán natural. Al igual que en aquella casucha de la que antes he hablado, también por aquí suena la vocecilla del agua (hay momentos en que su sonido es el único manifiesto de su presencia). Al llegar, asimilo que será más dificultoso el retorno. Usando una piedra plana y horizontal, clavada en el muro, me apoyo al escribir. Junto a la puerta de madera, cuyas telarañas indican un largo tiempo sin ser abierta, distingo una rueda de moler, abandonada tras su falta de uso, atestada de capas de verdina y cobijada en losmatorrales. Habiendo pasado de la utilidad que en su tiempo tenía, solo ha quedado para que alguien se acerque, (en este caso yo) en algún remoto momento, perciba su belleza y la deje escrita.

En una pancarta explicativa, situada al inicio del valle, he leído que la gente acudía a ``Bedures´´ en busca de harina; pensando en esas personas, imagino la odisea que vivirían por la obtención de un alimento cotidiano.

Es hora de ponerse en marcha. Agarro un palo, el más idóneo para servirme de ayuda, y comienzo a descender. Aun así, tengo una caída.

Tras los rudimentarios vallados, las vacas me observan fijamente al pasar por los caminos, como guardianes que instintivamente escudriñan al extraño que aparece cercano a ellas.

En las frescas mañanas, unas cortinas de niebla cubren los parajes que vamos recorriendo, infundiendo el misterio que incita a seguir las andanzas.

\* \* \*

Mis manos tiemblan al escribir, debido a las ansias por desear expresar tanta hermosura al esparcir mi vista, pero lo hago valiéndome de la misma manera: guardando breves espacios de quietud entre cada palabra.

\* \* \*

La contemplación no es muy compatible con cuidarme de los tropiezos, debido a las prominentes irregularidades que me voy topando por el suelo. Este es mi pensamiento durante el día, mientras asciendo cada vez más. Los pies avanzan sorteando piedras picudas, baches y raíces retorcidas que se asoman por la tierra, asemejando lomos de serpientes fosilizadas. Las veces que tiro de mi propia rienda, que son pocas en este tipo de situación, la vista puede pasear por toda la amplitud del paisaje, cubierto por el verde manto en que se mira la luz del amanecer.

* * *

Tras alejarme de la población, he subido hasta un lugar de ensueño. Sentado sobre un muro de piedra, algo muy propio de esta región norteña, y respaldado por una maleza abundante y traicionera, pues a veces pincha mi espalda, observo el pueblo de Pola de Allande. Las casas y edificios, con ventanas sin rejas, se extienden por un valle inmenso, como si la mano de Dios los hubiera esparcido a puñados a lo largo de sus colinas, y las farolas encendidas de sus calles parecen lucecitas caídas del cielo. Justo frente a mí, a lo lejos, diviso una simétrica construcción con dos anchas y medianas torres en sus laterales. Sus preciosos relieves, que bordean ventanales y esquinas, me recuerdan al estilo francés; probablemente, la moda arquitectónica seguida por el viejo indiano que habitó ese palacete. Curiosa y sospechosamente, a diferencia de su entorno, permanece apagado y con signos de ser inhabitado.

* * *

Muy frecuentemente, veo la vegetación siguiendo su tendencia natural, devorando todas las obras humanas. Las casas que habitaron los antiguos pastores, de las que solo unos cuantos pedazos siguen en pie, se envuelven con el follaje y la hiedra, que trepa sobre ellas. Sus ventanas, que quizás estuvieron provistas de bisagras y puertecillas de madera, se han convertido en simples huecos por donde emergen las copas de los árboles, crecidos en su interior.

Unas ramas ondulantes, tupidas por capas colgantes de musgo, se asoman desde la margen de la senda, como serpientes melenudas que espantan a los caminantes.

* * *

Atravieso las montañas por unos tortuosos senderos, intentando combinar lo mejor posible el cuidado de mis pasos con las miradas a los alrededores, cuya inmensidad me hace sentir diminuto, y llego a un pueblecito donde reina el silencio. El canto de un gallo, soplos de aire o el trino de los pájaros no rompen su sosiego. En la entrada soy recibido por una austera y pequeñísima ermita; al igual que muchas otras, lo único que la diferencia de las chozas camperas es el detalle de la espadaña, tan simple e insignificante que parece un pedrusco extraño, colocado al borde del tejado. Su construcción consiste en gruesas piedras con las que levantaron las paredes, reservando las más finas y lisas para el techo, sin variar con las demás edificaciones. A mi llegada, tiene la puerta cerrada, tan solo dejando la ranura por la que introducen las limosnas. El cristal me permite ver como es por dentro: una mesa con un paño blanco e inmaculado, de base sólida y con un óvalo, que circunda al acrónimo JHS. Es encabezada por una figurilla de Cristo, quién ha sido arrancado de la cruz y le han clavado en una ``T´´ mayúscula, siendo flanqueada por dos sencillos ramos de flores. Con el fin de ser iluminada en algún momento del día, se halla debajo de una bombilla apagada, que cuelga pobremente de la viga central. En un hueco con forma de arco imperfecto, casi tocando el techo, en medio del niño Jesús y la madre María, veo la imagen principal: un santo grotesco y barbudo, ataviado con hábito oscuro. ¿Es San Francisco? Creo que no. Será una de las muchas representaciones de Santiago.

Encima de una elevación, en mitad de una aldea, se alzan unos lúgubres panteones. Rápidamente, busco una manera de llegar a ellos. Entro por un callejón cuesta arriba, donde encuentro el acceso de aquel recinto. Es una puerta, destartalada y vieja, con una estaca encajada en un hueco del quicio, en horizontal y un poco oblicua, manteniéndola atrancada. Al quitársela e intentar abrirla, compruebo que no se sostiene, tal es su deterioro, y la dejo caer adecuadamente. Al fin, me adentro por la abundante maleza que cubre todo el suelo, en dirección a las tumbas. La primera es rematada por unas cruces, en lo alto de unos arcos que imitan el gótico, viéndose bajo un nubarrón gris, y limita en sus laterales por hileras verticales de nichos. Son poblados por la hiedra y la zarza, que surgieron entre los escombros de las viejas lápidas, después de acoger a los difuntos. En su centro se distingue una puerta rejada, tras cuyos barrotes tampoco la naturaleza ha hecho una excepción. El segundo sepulcro es más pequeño, con dos toscas columnas y un tejadillo echo con tablas de madera. Bajo el, a diferencia de antes, solo hallo un altar con una cruz, que posee la imagen del sagrado corazón, visible a pesar de su pequeñez.

Una parte del muro presenta un derrumbamiento, por el cual se ven las carpas de un invernadero. De allí salen dos agricultoras. Las saludo con los buenos días y seguidamente les hago una pregunta:

—¿Qué era este lugar?

Según me dicen, fue un cementerio que ya está en desuso. No sería extraño que debajo de estos matorrales hayan más tumbas, que al ser menos grandes no sean vistas, e incluso aun conteniendo los restos. ¿Estaré pisándolas sin saberlo?

¡Dios! Toda esta vegetación y el canto de los pájaros. Un estruendo de vida en un entorno tan desolado y tétrico, que estuvo dedicado a la muerte. Quizás, sea la dualidad del mundo.

Un poco más allá de una valla, el suelo se va degradando tras la niebla, sin importar que sea Julio. Es un prado que simula desembocar en un abismo, tal es el efecto de la neblina, dando la sensación de no poder bajar, pero al acercarme descubro un sendero que desciende sin demasiada pendiente.

Aún no he sido castigado por ningún chaparrón; en la actual estación del año, a lo mejor, Nuberu sea más compasivo al golpear las nubes.

Cerca de este páramo, llego a otra ermita, (sin ser en absoluto particular) abandonada y con la espadaña vacía. En un tiempo pasado, poseería una campana con la que llamarían a los devotos.

Me llega de fondo un sonido deshilvanado.

Lejanos y difuminados, aparecen unos molinos eólicos con las hélices dormidas. Como espíritus, no tardan en desvanecerse.

\* \* \*

Fábricas abandonadas se ven por las laderas de las montañas, entre los árboles que se extienden, cuyas fachadas blancas es lo único que les queda, pues por sus ventanas se aprecia que albergan al ``vacío''. Aun así, desearía pasar a sus interiores y confirmar el hecho de entrecomillar el adjetivo.

* * *

Habitualmente, veo placas con epígrafes colocadas en carreteras y senderos, en las que son recordados los peregrinos que fallecieron; muchas de ellas tienen nombres extranjeros, concretamente de países nórdicos. Otras están dedicadas a personas autóctonas. Por ejemplo: un hombre con apellido propiamente asturiano, acompañada además por varias ofrendas sencillas y una foto de quién se menciona. Su rostro me recuerda a la imagen estereotipada de los antiguos druidas, al cubrirse con una larga y canosa barba, y la expresión es tan afable que da una sensación plácida.

* * *

Al disiparse la niebla, una vez que la luz vuelve a reflejarse en la vegetación y el cielo recupera su color natural, despiertan en los cerros los gigantes de brazos giratorios; a diferencia de la otra ocasión, ya no son ánimas vaporosas.

Después de un rato caminando, al enderezar la vista, puedo contemplar un mar con el agua de plata junto a unos acantilados. Así lo describo, aun sabiendo que es una tupida capa de niebla bordeando la cima de las montañas.

\* \* \*

Una vieja pieza de andamiaje, reutilizada como cancela, cierra el camino. Descorro su cerrojo, entro y sigo adelante, constantemente ascendiendo, en dirección a los molinos. Unos minutos más tarde, oigo sus aspas en el aire. Después, cruzo la montaña y desciendo por el lado opuesto. Una vez allí, ante la visión de un maravilloso y verde valle, al igual que todos aquellos que he ido encontrando, Galicia me da su bienvenida.

\* \* \*

Poco antes de llegar al pueblo de Fonsagrada, el destino de este día, me detengo a observar otra ermita, como tantas veces. Rodeada de árboles que le arrojan sombra, la hacen el lugar ideal para el descanso del caminante. No se diferencia de las demás que suelen ir apareciendo, cuya descripción ya he dado, salvo por varias características particulares: más amplia de tamaño, un símbolo ambiguo encima del dintel, pudiendo ser a la vez cruz y estrella, y unos monstruos pétreos encaramados en lo alto de sus cuatro esquinas, que se asoman en dirección al suelo, aunque no son grandes ni muestran fiereza; más bien parecen alimañas. Me aproximo a la puerta e intento mirar a través de su rejilla, celosamente cerrada. Entre su triste penumbra, la poca luz que pasa tan solo ilumina una figura de Santiago, esculpida en granito, rígida e inexpresiva. Se halla adherida al pie de una mesa, hecha de piedra, en la que alguien dejó un velón apagado y unas jarrillas de cristal. Volviendo al santo, sus ojos son redondos y grandes, pero absolutamente inertes. Sin embargo, a diferencia suya, distingo más adentro de la sala una imagen mucho más natural: es Santa Bárbara, ataviada con un manto azul, portando una palma y prendida de la pared. Aun permaneciendo envuelta por la oscuridad, no me impide apreciar su rostro, alzado y con tal conmoción en la mirada que alcanza el ``alumbramiento´´. Paradójicamente, se oculta lo más cercano a la vida. Al centro del altarcillo, cuelga una especie de vara, con una prolongación ondulante que acaba en un crucifijo, creciéndole una rama con calabaza abombada. Me pregunto que es. De súbito, me percato: es un báculo sagrado.

Mientras escribo, escucho el canto de una peregrina, en un dialecto corso. Se asoma al interior, poniendo su vista en la mujer santa, y el sentimiento se va reflejando en su voz. Al finalizar, antes de colgarse el macuto y seguir adelante, me dice:

—Mírala. Ahora está más feliz.

\* \* \*

Hace unas cuantas horas que he llegado a Fonsagrada, el primer pueblo después de Asturias, al poco de cruzar las puertas de Galicia. Al igual que en las otras localidades, me dedico a callejear y escudriñar sus rincones, como una franja de tierra, abundada de barbecho, que uso a modo de sendero. Uno de sus lados está cercado por un muro, difícil de ser visto, pues la zarza que lo cubre deja muy pocos huecos, y el otro es cerrado por una alambrada. Tras ella, pastan cuatro cabras. La más extraña, (no solo por ser la única que lleva cencerro) divide con un corte el color blanco de su trasera, salpicada de manchas, del castaño de su delantera. A medida que me voy adentrando, van aumentando el desnivel del suelo y la frondosidad vegetal. Al fondo, se ve una hilera de árboles y grandes arbustos, lo cual me hace pensar en la rivera de un río. Buscando la vía más sencilla, intento llegar hasta allí y poder comprobarlo. Al final, considero más oportuno no continuar por este abrupto lugar, volver a la calle y hallar la manera de dar un rodeo que me conduzca al objetivo. En efecto, así lo hago. Tras avanzar un trecho, doy con un camino que va cuesta abajo. Empiezo a seguirlo, acompañado por los canturreos del viento, los pajarillos y alguna que otra chicharra. Para mi decepción, me topo con la cancela de una finca, de ligera imitación barroca, vetando mi paso a la arboleda que vi a lo lejos. Aunque ya está mucho más cerca, casi a mi lado, y puedo ver que a continuación hay una hondonada, la altura de los matorrales no me deja ver si por allí pasan las aguas fluviales. Al menos, no escucho su sonido; es probable que se hayan secado. Deshago mis pasos y asciendo en dirección al pueblo, mientras miro sus edificios, pareciéndome absolutamente austeros. Un poco antes de llegar, me enderezo y contemplo toda la montañosa lejanía, mientras el sol se pone y va despidiéndose a través de las nubes, como una piedra reluciente que se oculta entre algodones flotantes. A continuación, retomo mi paseo.

En un descampado elevado, frente a los ya citados edificios, un potro y una yegua recorren el terreno pastando.

Tras salir de esta zona, accedo al centro urbano, donde casas con colores diferentes se introducen entre otras mucho más rústicas, causando una curiosa sensación. Por aquí, encuentro vírgenes enanas y con grandes cabezas, subidas en las fuentes de las calles; diríase que bendijeran su agua.

Casi al frente del Hostal Pórtico, donde yo me hospedo, se abre un solar con montones de troncos cortados. Tras ellos, se ven los restos del interior de una vivienda, unidos a unos gruesos fragmentos de muros. Ya hube reparado en este ``hallazgo´´ a los pocos minutos de mi llegada, al medio día, y desde entonces sentí el deseo de acercarme. Apoyando mis pies en las grandes rocas del suelo, voy avanzando con cuidado hasta que dejan de servirme de apoyo. Me abro paso por la población de matorrales, intentando no tropezar, y alcanzo el rincón deseado. Miro toda la decadencia que me rodea, sintiendo el misterio que me trasmiten lugares como estos. ¿Qué vida hubo y quiénes habitaron esta casa? No espero ni necesito que la respuesta sea algo extraordinario, lo cual no me priva de la fascinación al tener este pensamiento. Tengo frente a mí una ventana con rampilla, medio cubierta por un pedazo de techumbre. La observo mucho, pero no consigo interpretar lo que es. A su lado, hay otra cosa más fácil de saber: una puerta de la que solo queda el marco incompleto. Arriba, en la parte que fue una segunda planta, veo una alacena empotrada, con un pobre pedazo de portezuela aun sujeto al borde, dando la impresión de que bastaría un soplo para tirarla, y la única tabla que perdura de los tres compartimentos que hubieron dentro. Bajo ella se ve otro hueco, más pequeño que los demás; a pesar de su decrépito estado, debió tener importancia en su tiempo, pues sería una escotilla en la que guardarían alguna posesión de valor.

* * *

Al volver del norte, llegando la hora de esperar al próximo año para regresar, el viaje reposa en otro lugar. Encontrándome junto a la orilla del río Tormes, bordeado de juncos, miro las luces de Salamanca mientras anochece.

*Salamanca, 4 de Julio del 2023.*

# 2

# Caminos Gallegos

Presidiendo una comitiva de peregrinos, guardando cierta distancia, un niño marcha a pasitos ligeros. Va envuelto en la bandera española, dejando sin cubrir tan solo su cabeza y las piernecillas; se diría que son guiados por un aprendiz de patriota.

\* \* \*

Al girarme, veo a los caminantes con bastones aproximándose por la niebla espesa, oscuros y sin rostros; parecen fantasmas matinales.

Árboles enjutos y frondosos pueblan una bajada, por donde suenan lejanos mugidos.

Desde una terraza, se oyen vocecillas con un claro acento gallego, mientras observo la cabina de una grúa, dejada al borde de un descampado y junto a una montaña de neumáticos. Las zarzas se enredan en el volante, que antes era manejado por las manos de un conductor. Contento al haber escrito este texto, subo por la calle principal de un austero pueblo.

\* \* \*

Aprecio la notable diversidad de los hórreos. Los veo con paredes de madera y techos de pasto, propiamente bastos, tan enteros que no deben estar inhabilitados. Incluso los ornamentales, barnizados y cuidados con esmero, o de ladrillo moderno y base de cemento, tienen su uso. En cambio, hay otros que el viento acaricia por dentro, pues el olvido le ha dado acceso. Bajo uno de ellos, correspondiente a la primera descripción, se ve un mediano hoyo donde se amontonan viejos instrumentos de labranza: un arado con punta de madera, un azadón al que aún le dura medio mango, algunos más que desconozco y unas ruedas sueltas.

*  *  *

Doy vueltas alrededor de una ermita, solitaria y abandonada en medio de un prado, buscando su puerta. Al fin, me doy cuenta de que está oculta y obstruida por la maleza.

*  *  *

¿Ángeles han bajado a caminar por la tierra? Son peregrinos con impermeables azules.

*  *  *

Al centro de los panteones, de mármol negro, hay unas puertecillas de cristal y pueden verse las flores de sus interiores. En uno de ellos, al fondo, se guarda una virgen de color ocre sucio, subida a una esfera y pisando una serpiente.

*  *  *

Al salir de los caminos, llego a las adoquinadas calles de la ciudad de Lugo. En sus murallas, toscas y bastas, la antigüedad pone su autógrafo con manchas renegridas, que abarcan buena parte de su longitud. Al entrar por ellas, inicio un tránsito entre bellos edificios con ventanales, protegidos por balcones, y señoriales torres con relojes y cúpulas, rematadas en veletas.

\* \* \*

Paseo por una plaza, llena de árboles y setos muy cuidados, donde resaltan florecillas rojas, blancas y lilas. En el borde, encuentro un poste con el rostro escultórico de un fauno, cayéndole de su boca una cascada de agua, pero también pueden ser llamas expulsadas del revés, o vegetación caída. Finalmente, me percato: solo es su larga barba. Miro el nombre que hay escrito a su lado: Ramón del Valle Inclán. A continuación, veo que el citado poste pertenece a una hilera, extendida a lo largo de la acera, cada cual con un busto correspondiente a una celebridad gallega: Eduardo Pondal, Castelao, Manuel María Fernández y Rosalía de Castro.

Son blancos y rígidos, causándome una sensación de frialdad.

Después de la vuelta, he tardado en darme cuenta de las dos esculturas que se alzan en una esquina del recinto: el emperador Augusto, fácilmente reconocible, y alguien que parece Séneca, con toga y un rollo de pergamino; me resultan raras por sus cortas estaturas, pero no tanto que sean fornidas y de porte vigoroso.

Las plantas acuáticas del Miño son largos cabellos femeninos, movidos por la corriente. Mujeres mitológicas duermen bajo el agua (tal vez sean las Mouras). Las miro mientras paso por un puente, al salir de Lugo.

\* \* \*

Desde la margen de una estrecha carretera, casi sin arcén, veo los postes eléctricos de madera convertidos en árboles (o el término adecuado es disfrazados); la hiedra sube por ellos y arriba se abre en ramas.

\* \* \*

Tras torcerme, dejo la vía asfaltada y vuelvo al bosque. ¡Me alegra sentir su sombra! Hago una parada y pongo mi mano sobre el musgo de las rocas.

\* \* \*

El patrón español, adusto y pétreo, recibe a los caminantes junto a un manantial, rodeado por el frescor y el murmullo constante del agua.

¿Qué puedo escribir al mirar las ruinas? Es la pregunta que me hago cuando las voy cruzando. Más adelante, encuentro otras y sigo pensando lo mismo. Son muchas las veces que hablo de lugares desechados, lo cual me hace tener cuidado con ser redundante, a la vez que deseo apasionadamente decir algo de ellos. En cambio, si lo digo mediante un poema, saciaría mi pasión y evitaría el riesgo que me preocupa. En esta línea, no veo inconveniente en seguir incluyéndolos, considerando que dará una pizca de riqueza a este montoncillo de textos prosaicos (supuestamente, ya que su prosa no deja de tener dentro una dosis poética, impidiendo que resulte chirriante).

*En las antiguas obras,*

*por los humanos creadas,*

*la desolación y la vida*

*son amantes que se enlazan.*

*Entre la penumbra,*

*surge el reino*

*de los helechos,*

*que se alberga*

*tras los muros desvestidos*

*y la madera*

*de los techos.*

*Por los huecos*

*que abrieron*

*las manos del abandono,*

*en los tiempos*

*veraniegos,*

*envían sus saludos*

*los reyes del cielo.*

*Cuando cae el invierno,*

*con un sepulcro es cubierta*

*la población salvaje,*

que tan solo es visitada
por las gélidas rozaduras del aire.

Una moura, con corona de oro,
ofrece sus senos
ante los labios
de dos espíritus,
que van con mantos
cubiertos,
uno blanco
y otro negro.
Un observador, frente a ellos,
los guarda en un vaso,
que será volcado
en las hojas de su cuaderno.

El silencio
va deambulando
y lleva consigo un sudario,
de un color blancuzco
no muy claro,
y guarda debajo
un cuchillo afilado;

*nunca lo asoma,*
*aunque lo tiene agarrado.*
*El corazón late lento,*
*con el acero*
*a su lado.*

\* \* \*

Se oye una voz monótona que emite un sermón religioso, lanzado de un edificio en alto, mientras voy llegando al pueblo de Melide, que ha sido cubierto por el manto gris del tiempo, pocoamigo del alborozo.

Pronto habrá caído la noche.

Al caerme una fina lluvia, me apresuro en escribir y resguardo el cuaderno.

\* \* \*

Entro en un molino del que solo quedan las paredes y su gran rueda. El siguiente que encuentro, aun sin dejar de tener señales de abandono, se halla más completo, con una uralita sostenida por vigas de madera cruzadas. Sus piedras son más pulidas que las del anterior, de forma rectangular, y la invasión del musgo solo ha sido dura en el exterior.

* * *

En esta riqueza vegetal, que bien podría llamarse ``El Palacio Verde´´, diríase que espontáneamente apareciera Cernunnos, el antiguo Dios celta de los bosques, aquel extraordinario hombre con cornamenta de ciervo, o el rostro de un druida de barba fusionada con la hierba. Por ahora, solo veo babosas negras, adheridas a las rocas húmedas, y un animalillo peludo que corretea. Creo que es una nutria; ante mi acercamiento, huye y se oculta con gran rapidez.

* * *

Campesinos de granito se hallan en un claro del bosque, cubiertos por un brillo grisáceo, ya que la niebla se refleja en ellos. A pesar de su inmovilidad, dan una breve impresión de vida.

* * *

*Angelitos negros baten sus alas*
*y por el monte revolotean.*
*¿Quizás el diablo vive cerca?*

*Los cerros, verdes y violetas,*
*por un río de ceniza se bordean.*

*Por los barrancos*
*en que Dios echa su descanso,*
*galopa el caballo*
*de mi alma*
*y desparecen las palabras.*

\* \* \*

El sendero ya es menos salvaje, volviendo a la ``normalidad´´. Pasa vecino a un viñedo abandonado. Los palos de su techo, que antes prenderían racimos de uvas, están despoblados y caídos; más tarde, veo otros que son cuidados y arreglados.

\* \* \*

Voy por una calle de Villanueva de Arousa, gélida y húmeda tras la lluvia. Por los cristales de una cafetería, llamada San Mauro, veo dentro a un puñado de espectadores frente a una televisión, celebrando un gol de la selección española. Continúo hasta llegar a la esquina, donde hay un santuario abandonado (ignoro si debe especificarse capilla o parroquia). Por los barrotes de su reja, cerrada con candado, observo dos grandes lápidas de piedra en el suelo, rodeadas de matojos. Una de ellas, la que tengo más cerca, muestra el relieve de un símbolo formado por dos llaves cruzadas. La otra, con un poco de inclinación, presenta un gran escudo, sin poder apreciar demasiado sus detalles a esta distancia. En la zona del final, la que debió ocupar el altar, hay un arco semicircular, en cuya esquina se sostiene en pie una estatua descabezada, con un vestido lleno de pliegues. La falta de techo hace que la lluvia caiga encima de estas tumbas, el hogar de reposo de ilustres difuntos. De repente, me viene una cavilación: al ser abierto al cielo, ¿no sería lo más ideal para conectar con Dios?

De fondo, suenan los voceríos que lanzan los seguidores del equipo nacional. Yo, ajeno a la visceralidad social, sigo con mi observación. La parte superior de la espadaña, rematada por una cruz, es de un color claro, debiendo ser la más reciente; probablemente, un intento de reforma. Más abajo, por el resto de la fachada, se presentan las imágenes de dos santos barbados, guardando cada lado de la puerta. A la derecha se sitúa San Pablo, que levanta una espada en posición de dar un golpe, y el que custodia la izquierda es San Pedro, agarrando una gran llave. En el centro, distingo una representación del paño en que cristo plasmó su rostro. Arriba, apoyándose en un saliente, la virgen María toma entre los brazos a su malogrado hijo al ser descendido, acompañada por la magdalena y un apóstol (iba a decir que es San Juan, pero lo omito por falta de seguridad).

Ha finalizado la euforia y regresa la calma. Ahora, solo se oye un tañido melancólico.

* * *

*A través de la escarcha norteña,*
*el fuego del sur se manifiesta,*
*derrochándose con tal fuerza*

*que hace danzar a las tormentas.*
*Sin espuma ni holas, el agua*
*camina muy cerca.*
*A veces, por los pueblos galaicos,*
*se abrazan*
*sin que se apaguen las llamas.*
*Con lapislázuli se impregna,*
*desprovista de vestimenta,*
*y en su profundidad el sol bucea.*

\* \* \*

Ataúdes de piedra, incompletos y casi abiertos, se expanden en series a los pies de la catedral del Padrón. Están llenos de piedrecillas y agua embalsada. Cuelo mi mano por sus huecos y toco en lo hondo, donde mismo antes reposaba un muerto. Busco en ellos algún relieve, ya sea símbolo o inscripción, pero son banales y rústicos.

\* \* \*

Un olivo grande y viejo, carente de frutos, crece junto a una parcelilla en la que hay dos tumbas.

*Los imperios*
*de Dios y de la bestia,*
*amplios y opulentos,*
*frente a mi van apareciendo.*
*Al primero,*
*con placidez me entrego,*
*hasta salir sano*
*e ileso,*
*y al segundo le voy buscando*
*los resquicios por sus recovecos,*
*sin ser de su marca exento,*
*cual infame recuerdo.*

\* \* \*

En medio de un monstruoso barullo, constituido por carreteras, semáforos, pasos de cebra, rotondas y vehículos ruidosos, voy hallando las señales que me hacen saber por donde seguir.

En una franja de césped, unida al margen del acerado, vive una palmerilla solitaria. El aire frío le agita las hojas secas, de un color apagado, y su tronco delgado.

Refuerzo mi atención, cierro el cuaderno y me dirijo a un rincón, el más idóneo para abrirlo.

* * *

*Se ha marchado la soledad*
*y me han teñido entero de azafrán.*
*Con su retorno, tras lavarme*
*y desvestirme,*
*con los parajes*
*ha de fundirme.*
*Azul y gris*
*me rozan largamente.*
*¡Qué alivio me hacen sentir!*
*Después, el color de la naranja*
*me besa y abraza.*

* * *

Los caminantes van pasando, acompañados por el sonido de sus bastones y las suelas de sus zapatos. Yo los miro desde un pedazo de muro al que estoy subido, perteneciente a la ruina de lo que sería una gran casa.

Un detalle muy pequeño me hace inclinarme al suelo: es una llave vieja y oxidada, vista remotamente entre la acumulación de piedras.

Unas señoras, bajitas y canosas, cubiertas bajo unos paraguas, me cuentan que aquí existía un horno que ya fue derruido.

* * *

Me siento en unos escalones en descenso, junto a la carretera que cruza El Padrón. Frente a mí, hay un arco que sirve de techo a un altar, creado a partir de una fuente con tres caños. Solo uno emana agua, cayendo en un lucillo deteriorado y golpeando sus barrotes, por lo que salpica constantemente a su alrededor, humedeciéndolo extensamente; por eso le surgen tantas briznas de hierba. Mujeres se acercan y rellenan sus botellas, además de santiguarse y recitar una oración en voz muy baja. Yo me fijo en su elemento principal: una virgen con ojos extraños e impactantes, al ser bizcos y de gran tamaño, con exagerada abertura y marcados por líneas negras, al igual que las cejas.

Cohetes humanoides
sobre la tierra van volando.
Del comienzo, lanzaron
los arpones de sus ojos
y al fin del camino se han clavado.
Los tesoros
que relucen por la margen
no son más que escombros
y forraje.

El tórax es un tonel
cargado de cemento,
que tras la meta
se ha hundido en el suelo.
La vista son dos bolas
de cristal, que se rompen
al pie de los contenedores.

Cadáveres en sus vientres portaron
y los buitres les iban merodeando,
que al terminar les fueron entregados.

Pedazos de tablas clavadas en unas bisagras, largas y mohosas, colocadas en las esquinas de un portalón, y otras en el suelo, me dan a entender que estoy cruzando por los restos de un corral. Ante mí, tengo un espacio abierto entre puertas y ventanas vacías, salvo una parte donde se ve la señal de un tejado, que ya no existe. Sin hacer afirmaciones, concluyo que este lugar no estuvo habitado por personas, sino que se usaba para realizar algún tipo de labor, debido a la serie de compartimentos que voy encontrando por su interior.

Al mirar los bordes de estos muros, esponjosos por una brutal cantidad de verdina, pienso que descansaría sobre ellos, cual un agradecido colchón, pero natural.

\* \* \*

*Más allá de las amorfas marionetas,*
*con alambrillos rodeando sus cabezas,*
*late una devoción intensa.*

*Más allá de las simples casuchas,*
*en sus techos tocadas*
*por un palo erguido y otro que se cruza,*
*el fervor cabalga*
*con prudencia y templanza.*

*Más allá de los papelillos*
*con frases escritas,*
*menudas medallitas,*
*relicarios y católicas estampas*
*que han sido dejadas*
*en los agujeros de las rocas,*
*viven trozos de almas.*

\* \* \*

Frente a la catedral de Santiago, los corazones estallan en lágrimas y abrazos; desde lo profundo de nosotros, en determinados momentos, aflora algo que nos une. Sin duda, no lo desaprovecho y lo pongo en verso:

\* \* \*

*``Se nos agrieta*

*el pecho*

*y se cuela*

*el universo.*

*Sus brazos etéreos*

*acarician*

*la piel fina*

*del corazón,*

*con su sangre chorreando,*

*y se ha fundido*

*con el borbotón de luz*

*que nos ha absorbido´´.*

\* \* \*

Recorro los estantes de una librería, llevando en la mente dos ideas: Cela y Pasolini. Después de mucho mirar, sin encontrar a estos dos autores, empiezo a huronear y doy con uno desconocido, al menos para mí: ``Francisco Pérez Gandul´´, autor de una novela titulada ``Celda 211´´. Luego, con tal de no seguir dando vueltas, me quedo con el ya citado, además de otro que tampoco buscaba: ``Arturo Pérez-Reverte, El Francotirador Paciente´´. Relativamente satisfecho, salgo de la tienda y camino por la avenida Juan Carlos I, en dirección a la plaza del Obradoiro. Voy cruzándome con peregrinos que recientemente han llegado. Algunos se echan a reposar a la sombra de unos jardines.

Al entrar en el templo de nuestro patrón, me dirijo a su sala de la exposición permanente, donde visito la escultura del rey David tocando el arpa. En anteriores ocasiones ya la había visto, pero nunca deja de emocionarme. El monarca bíblico se apoya sobre una criatura mitológica que adopta forma de trono, cuyos brazos son dos cuellos largos que rematan en unas cabezas muy curiosas, de rostros achatados y fauces amplias, y las patas son garras; diríase que fuera servido por un dragón bicéfalo. Sus manos acarician las cuerdas del instrumento, sosteniendo con el pecho el extremo superior, rozándolo con su barba, y poniendo en la rodilla la parte inferior. El desgaste de las facciones no impide distinguir su expresión, profundamente serena, como si la música que toca le condujera al éxtasis.

Sin salir aun de la basílica, me dejo caer en el poyete de una ventana elevada y contemplo la plaza, iluminada por la luz del mediodía. Grupillos de peregrinos se desperdigan por su amplitud; unos se tienden al calorcillo, mientras otros prefieren la sombra.

Desde algún lado, viene el bellísimo e inconfundible sonido de una gaita.

\* \* \*

*Se cuece la paella de las naciones*
*en la plenitud de un reino,*
*particular y pintoresco,*
*en que gobiernan abrazados*
*un oscuro nubarrón*
*y un exuberante manzano.*

\* \* \*

De regreso a mi hospedaje, paso por la concurridísima Rúa do Franco, entre puertas de bares y tiendas. Voy casi rozándome con la gente que va transitando, en gran cantidad y de diversos orígenes.

En torno a la zona emblemática, recorro calles diferentes a las ya conocidas, alegrándome al ver que son blancas.

A mis pies cae un papel enrollado, sujeto por una gomilla, sin ver su procedencia. Tras cogerlo y abrirlo, veo que se trata de un mensaje: ``¿Qué sucederá con las razonables palabras del profesor Trujillo?'' Por respuesta, arranco una de mis hojas y escribo una frase breve: ``Ya las conocía''. La uso para envolver una piedra y la lanzo aleatoriamente, sin mirar su paradero.

Salgo de la Rúa Trindade, desembocando a un recinto con terrazas bulliciosas. Me retiro a un hueco cuadrado que se abre en medio del suelo, al que desciendo por unos escalones y hago una parada; es la llegada a un mundo silencioso dentro de otro más ruidoso. Miro la fuentecilla de su pared, muerta entre el frío de la tarde avanzada, cuyos caños inhabilitados se asoman a una poza con residuos de agua sucia. Luego, lo que ha sido un refugio reconfortante ha pasado a ser una zanja lóbrega; suspirando, me alejo de ella. Deseando evadir la melancolía, voy en busca de los tunos, esperando verlos en su ronda nocturna. Efectivamente, los encuentro tras los arcos que bordean el edificio de correos, en la travesía de Fonseca. Engalanados, con trajes negros y bandas azules, tocan y cantan con ritmo alegre, dibujando gestos risueños en los viandantes y creando momentos felices.

\* \* \*

*El señor del infierno extiende sus colas*
*ante los portalones sagrados.*
*Con extrema lentitud,*
*a medida que van pasando,*
*se hacen pedazos.*
*Después, tras ser bendecidos,*
*salen al cúmulo diario.*
*Sin ver algo*
*que me haga soportarlo,*
*se alejan mis pasos.*
*La lógica es un cacharro*
*roto y desechado.*
*La mente va al trote*
*si yo voy deambulando.*
*La vida me ha consagrado*

*por ofrecer mis ojos*

*en los paseos pausados,*

*desde una piedra que piso*

*hasta la suntuosidad de un campanario.*

\* \* \*

Al ocaso del camino no he visto al santo apóstol, a pesar de haber cruzado el umbral de su morada, pero durante el trayecto le he ido encontrando por rincones y parajes diversos.

\* \* \*

*Las piezas de ajedrez no van circulando*

*por el interior del cráneo,*

*ni un cerebro*

*en una bombilla se ha enceldado.*

*Claramente, veo*

*a la mariposa de los destellos*

*con enérgico aleteo,*

*tras despertar de mi regazo*

*donde busca el descanso,*

*y va por los lugares*
*que en mi cuaderno he guardado.*

\* \* \*

Tal cual hice en la parte primera, me vuelvo del norte y hago otra parada antes de regresar al sol de Andalucía. Aquí, añado estos apuntes, aunque son hechos fuera de las tierras galaicas. Esta vez, me detengo en la ciudad de Zamora y atravieso su periferia, amplia y moderna. Al pasarla, empiezo a entrar en calles menos anchas, con casas sencillas y bajas, a diferencia de los edificios que me rodeaban hace un rato. Las miro y echo en falta los tejados de pizarra, acostumbrado a verlos durante estos últimos días.

\* \* \*

*Viene a mi pensamiento*
*la casa de un caballero,*
*aquel que había luchado*
*junto a moros y cristianos,*
*con un rocín que en la Babia*

*fue criado,*
*hizo jurar a un rey*
*y por él fue desterrado.*
*Sabiendo que aquí se halla*
*por ella he preguntado,*
*mas al internarme*
*en la noche zamorana*
*muy pronto ha sido olvidada,*
*liberando por sus calles*
*la vista y el alma.*

\* \* \*

Sin falta, la noche me alcanza en la búsqueda de algo que escribir.

Tras una esquina aparece la reina Doña Urraca, altiva y majestuosa, con la misma ciudad sostenida entre sus manos, amurallada y fortificada. ¿Está esculpida en el relieve de un muro? Ya veo que no. Ha sido retratada con spray.

De nuevo, me envuelven los pesados brazos de la pena, aunque no me quitan mi disposición activa. Con tal estado, llego a la plaza Mayor y pienso en dejarme caer. Será junto a una de las columnas que veo a mi derecha, en la fachada del antiguo cuartel de la Guardia Civil, y allí proseguir manejando el bolígrafo.

Después de todo, acabo en una terraza, frente a la torre de la iglesia románica de San Juan, bebiendo una cerveza y en compañía de unos paisanos.

*Zamora, 4 de Julio del 2024.*